Mady Musiol · Magaly Villarroel

¡Qué bien!

Curso de español para niños

LIBRO DEL ALUMNO

LECCIÓN 2 Colores y números

1 🔊 ✏️ Escucha y repite.

COLORES

| rojo | azul | amarillo | verde |
| rosa | naranja | marrón | morado |

NÚMEROS

1 uno	2 dos	3 tres	4 cuatro
5 cinco	6 seis	7 siete	8 ocho
9 nueve	10 diez	11 once	12 doce

2 ¡Jugamos!

¿De qué color es el once?

¡Rojo!

Unidad 1
¡El colegio es divertido!

Vamos a...
- identificar nuestro material escolar
- hablar de nuestras cosas y de personas
- describir nuestro colegio
- escuchar y leer textos sobre colegios diferentes

LECCIÓN 1 Escuchamos

1 Escucha y repite.

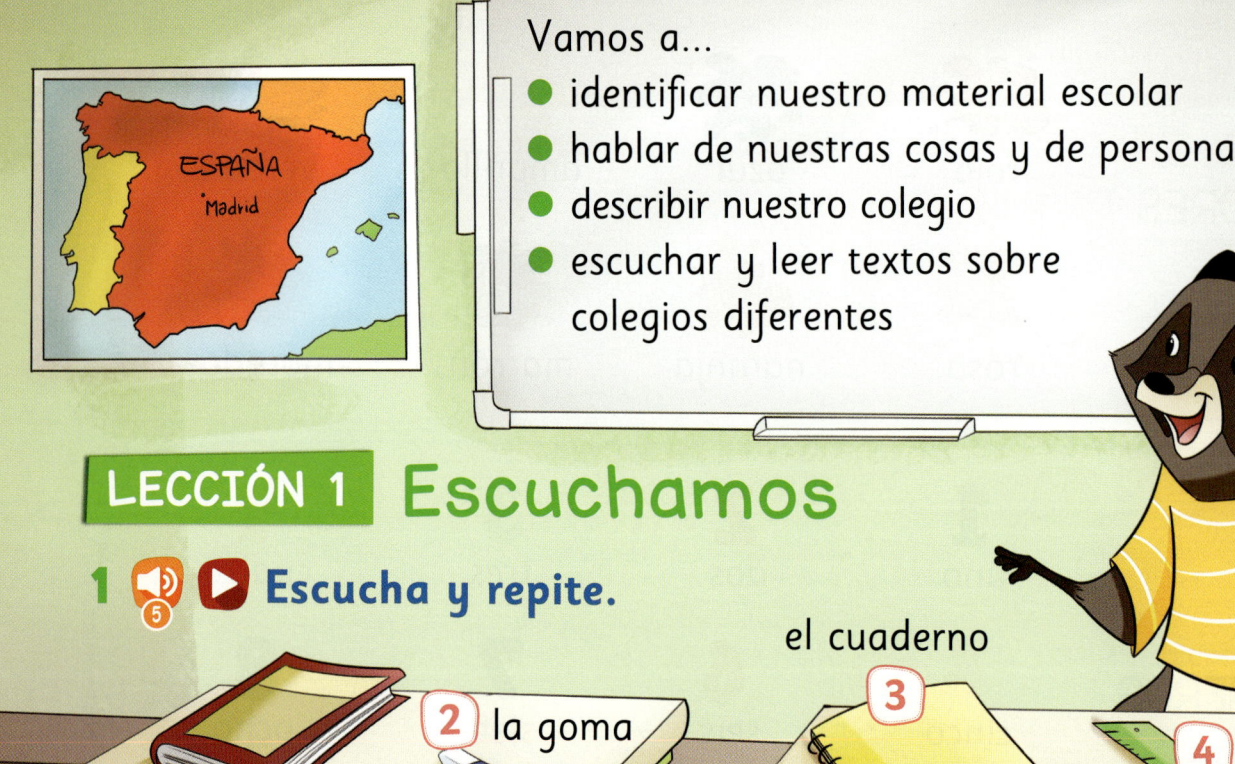

1. el libro
2. la goma
3. el cuaderno
4. la regla
5. el bolígrafo
6. el lápiz
7. el estuche
8. la mochila

Vamos al colegio

2 🔊 ▶ **Lee y escucha el cómic.**

3 ✏ **¿Verdadero o falso?**

1 La mochila de Mario es roja.

2 La mochila de Rita es amarilla.

3 El boli es verde.

LECCIÓN 2 Leemos

1 🔊 ✏️ **Lee y escucha. Luego, relaciona.**

 Mira, Rita. Mi cabaña.

 ¡Es guay!

 ¡Mira! Mi cómic, mi póster, mi libro nuevo, mi cuaderno… ¡Rocky! ¿Qué haces?

 Lo siento, Mario. Toma tu libro. Y toma tu boli.

2 ✏️ **Elige.**

1. La cabaña es de   Rita / Mario .
2. El libro es de   Mario / Rocky .
3. El boli de Mario es   azul / rojo .

LECCIÓN 3 Sonidos

1 🔊 **Escucha y repite.**

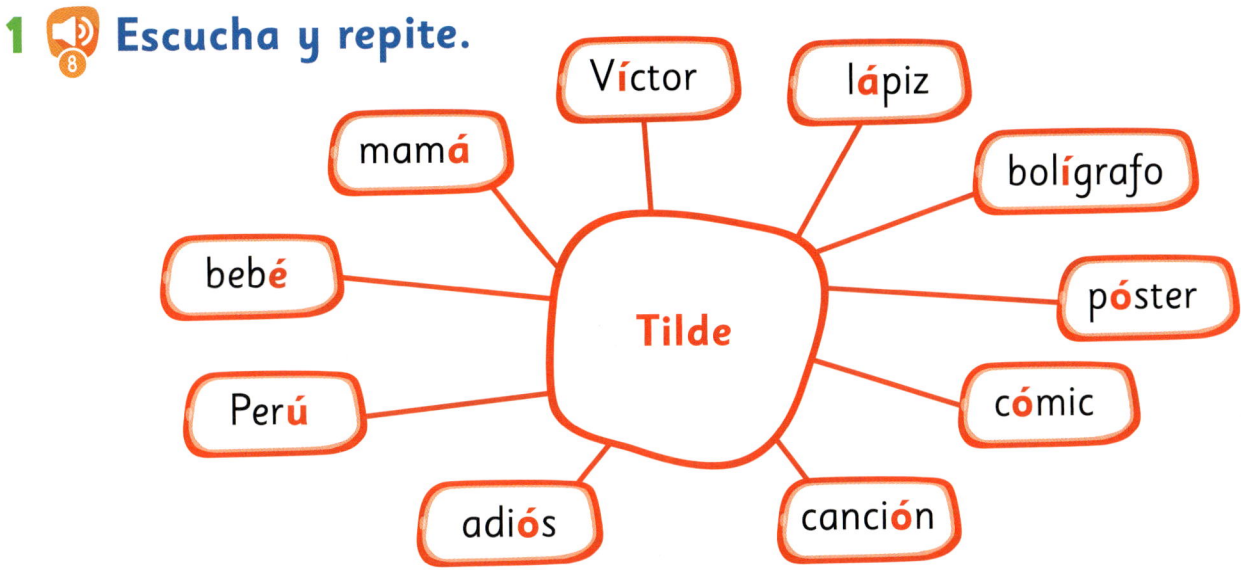

- mam**á**
- beb**é**
- Per**ú**
- adi**ó**s
- V**í**ctor
- canci**ó**n
- l**á**piz
- bol**í**grafo
- p**ó**ster
- c**ó**mic

Tilde

2 🔊 **Pronuncia estas palabras. Luego, escucha y comprueba.**

3 🔊 **Escucha y recita la rima.**

Adiós mamá, adiós papá,
al colegio voy.
Con Raúl, con María,
con una regla en la mochila.

siete 7

LECCIÓN 4 Aprendemos

1 🔊 **Lee y escucha el cómic.**

2 ¡Jugamos!

Yo		guay.
Tú		un chico.
Él	soy	Mario.
Rocky		mi amigo.
Ella	eres	un mapache.
Este		Rita.
El libro	es	mi amiga.
Esta		azul.
La cabaña		mi mochila.

LECCIÓN 5 Cantamos

1  **Escucha y canta.**

¡Qué divertido es!

La profesora me dice "¡Escucha y repite!"
y yo escucho y repito,
escucho y repito.

Es divertido, es divertido,
¡qué divertido es!

La profesora me dice "¡Escribe la palabra!"
y yo escribo la palabra,
escribo la palabra.

Es divertido, es divertido,
¡qué divertido es!

La profesora me dice "¡Canta la canción!"
y yo canto la canción,
canto la canción.

Es divertido, es divertido,
¡qué divertido es!

2 **Ahora canta de nuevo.**

LECCIÓN 6 Charlamos

1 Juega con tu compañero.

LECCIÓN 7 Escribimos

PROYECTO 1

1 Observa.

2 Ahora dibuja y escribe.

¡Hola! Me llamo Marta. Este es mi colegio. Mi colegio es guay. Mi profesora se llama Susana. Mira mi mochila. Es azul.

once 11

LECCIÓN 8 Mi colegio

1 🔊 ✏️ Escucha y relaciona.

- música de España
- música de India
- música de Perú

2 🔊 ✏️ Lee y relaciona. Luego, escucha y comprueba.

A

1 Soy Sara. Mi colegio es pequeño. Mi profesor se llama Víctor. En la clase de Educación física jugamos al voleibol.

2 ¡Hola! Soy Vennela. Mi profesora es Alisha. En el recreo juego con mis compañeros. ¡Me gusta mucho jugar con ellos!

B

C

3 ¡Hola! Me llamo Miguel. Esta es la biblioteca de mi colegio. ¡Mira qué grande! Me gusta mucho leer.

LECCIÓN 9 Repasamos

1 🔊 ✏️ Escucha y señala.

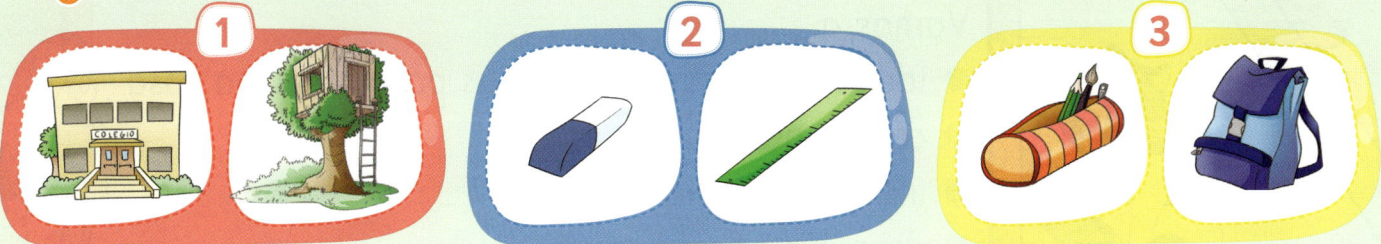

2 Habla.

- **A** Veo, veo... ¡una cosita amarilla!
- **B** Es una mochila.
- **A** No.
- **B** ¡Es una regla!
- **A** ¡Sí!

3 Lee y escribe.

¡Mira mi cabaña!
Es pequeña.
Mi mochila es azul.
Mi libro es naranja
y mi boli es rojo.

Soy capaz de...
- nombrar los colores
- identificar mi material escolar
- hablar de mis cosas y de personas
- cantar la canción de la unidad
- describir mi colegio
- entender textos sobre colegios diferentes

trece 13

Vamos al parque

2  Lee y escucha el cómic.

3 ¿Verdadero o falso?

1 Mario está listo.
2 El monopatín está en el armario.
3 Rocky está contento.

LECCIÓN 2 Leemos

1 **Lee y contesta.**

Esta es mi casa. ¡Mira!
El salón, la cocina, el baño,
mi dormitorio y la entrada.
Mi cabaña está en el jardín.

Pero... ¿dónde está

mi  ?

¿Dónde está

mi  ?

¿Dónde está

mi  ?

¿Dónde está mi  ?

Y ,

¿dónde está?

2 **Escucha y comprueba.**

LECCIÓN 3 — Sonidos

1 🔊 **Escucha y repite.**

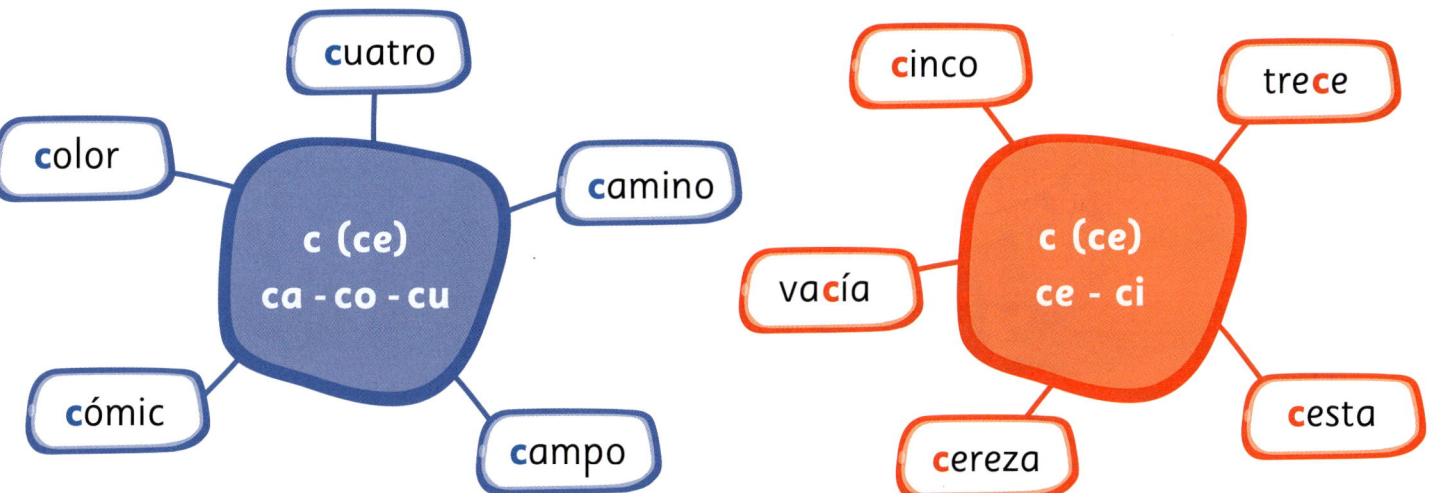

2 🔊 **Escucha y recita la rima.**

En esta cabaña vive Lucas.
Cada día sale al campo
y se va a coger cerezas.

La cesta está llena.
Lucas vuelve a su casa.
Por el camino come
y come sin cesar.

Vuelve a su casa
¡y la cesta está vacía!

3 🔊 ✏️ **Escucha y aprende los números.**

diecisiete 17

LECCIÓN 4 Aprendemos

1 Lee y escucha el cómic.

2 ¡Jugamos!

Yo	estoy	triste.
Tú	estás	en clase.
Él	está	contenta.
Ella	estamos	en el jardín.
Nosotros	estáis	en casa.
Nosotras	están	en la cabaña.
Vosotros		sola.
Vosotras		en la cocina.
Ellos		aquí.
Ellas		detrás del sofá.

LECCIÓN 5 Cantamos

1 🔊 🎵 **Escucha, canta y señala.**

¿Qué hay en casa?

En una casa grande, grande
hay un dormitorio grande, grande.

En el dormitorio grande, grande
hay un armario grande, grande.

En el armario grande, grande
hay un estante grande, grande.

En el estante grande, grande…
¡oh! hay un dragón grande… ¡GRANDE!

2 🔊 🎤 **Ahora canta de nuevo. Utiliza:**

cocina

diecinueve

LECCIÓN 6 Charlamos

1 Busca las cinco diferencias.

20 veinte

LECCIÓN 7 Escribimos PROYECTO 2

1 Observa.

2 Ahora dibuja y escribe.

Esta es mi casa. ¡Es grande! Los dormitorios están arriba. La cocina y el baño están abajo. Están al lado del salón. El jardín es grande.

LECCIÓN 8 Casas divertidas

1 Escucha y relaciona.

- música de China
- música de México
- música de Estados Unidos

2 Lee y relaciona. Luego, escucha y comprueba.

A

1 Esta es mi casa. Tiene un jardín muy grande y un patio. En el patio hay mesas, sillas, plantas y flores. ¿Te gusta mi casa?

2 Mi casa está al lado del río. No es grande: tiene dos dormitorios, una cocina y una sala. Pero tenemos un barco y vamos al cole en barco. ¡Es divertido!

B

C

3 Mira nuestra autocaravana. ¡Todo es pequeño! La cocina es pequeña. El baño es pequeño. El dormitorio es pequeño. Pero con ella vamos a todas partes. ¡Es guay!

22 veintidós

LECCIÓN 9 Repasamos

1 🔊 ✏️ Escucha y señala.

2 Habla.

- A ¿Está en la cocina?
- B Sí.

- A ¿Es naranja?
- B Sí.

- A ¿Es la mesa?
- B Sí.

3 Lee y escribe.

¡Mira mi dormitorio! Es muy bonito. Hay una cama, un estante, un armario, una mesa y una silla. Todo es rosa, mi color favorito.

Soy capaz de...
- identificar los muebles y las partes de una casa
- contar hasta 20
- indicar la posición
- cantar la canción de la unidad
- describir mi casa
- entender textos sobre casas diferentes

veintitrés

Unidad 3 — La familia y los amigos

Vamos a...
- identificar a miembros de la familia
- contar hasta 50
- describir a nuestra familia
- escuchar y leer textos sobre tareas domésticas

LECCIÓN 1 Escuchamos

1 🔊 ▶ Escucha y repite.

1. el abuelo
2. la abuela
3. el padre
4. la madre
5. el tío
6. la tía
7. el hermano
8. la hermana
9. el primo

24 veinticuatro

La familia de Rocky

2  **Lee y escucha el cómic.**

3 **Elige.**

1 Rocky está mirando un cómic / las fotos .
2 Su madre y su padre están en la cocina / el jardín .
3 Mario está contento / triste .

3

LECCIÓN 2 Leemos

1 Lee y completa.

| abuelo | padre | primos |

Soy de Colombia y mi familia es muy grande. Vivimos en la misma casa mi abuelo, mi abuela, mi madre, mi padre, mi tío, mi tía y mis tres ***. Todos participamos en las tareas domésticas.

Soy de Canadá. Vivo con mi madre, mi padre y mi hermano. Mi *** vive con nosotros también. En casa, mi madre y mi padre cocinan pero yo pongo la lavadora.

Soy de Japón y mi familia es pequeña: estamos solo mi madre, mi *** y yo. Vivimos en un piso en la ciudad. Después del colegio, hago los recados.

2 Escucha y comprueba.

LECCIÓN 3 Sonidos

1 🔊 **Escucha y repite.**

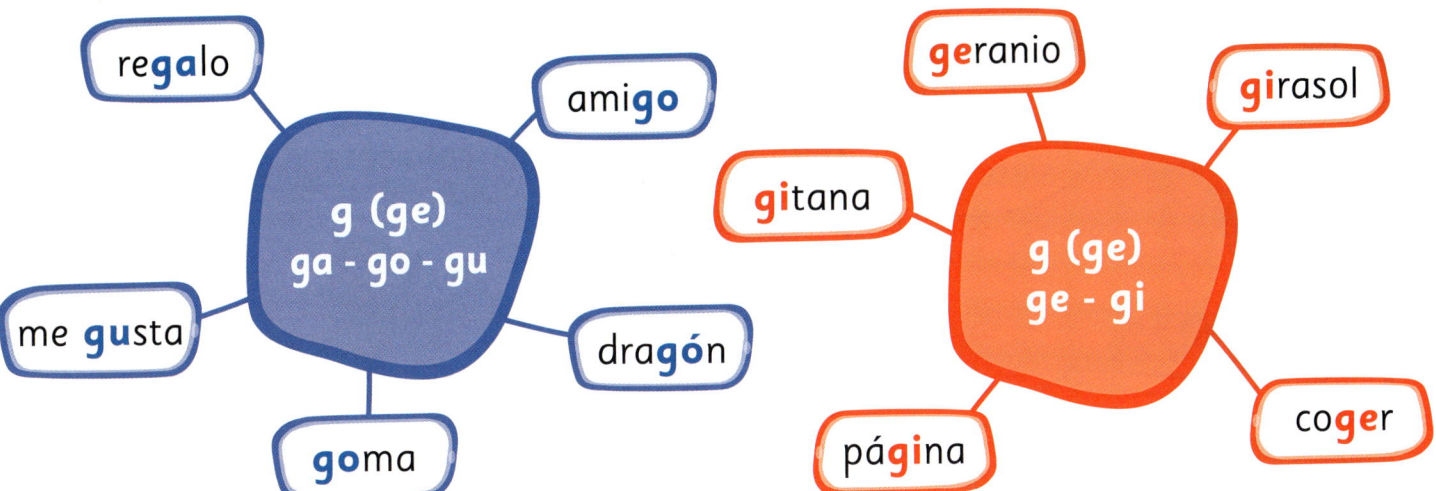

- regalo
- amigo
- me gusta
- dragón
- goma

**g (ge)
ga - go - gu**

- geranio
- girasol
- gitana
- página
- coger

**g (ge)
ge - gi**

2 🔊 **Escucha y recita la rima.**

Dos gemelos gigantes
y su amigo dragón
cogen geranios y girasoles
para la gitana Gema.

¡Gracias! – dice Gema –,
vuestro regalo me gusta.
Ahora pongo las flores en agua,
¡y os hago la merienda!

3 🔊 ✏️ **Escucha y aprende los números.**

21 veintiuno	22 veintidós	23 veintitrés	24 veinticuatro	25 veinticinco
26 veintiséis	27 veintisiete	28 veintiocho	29 veintinueve	30 treinta
31 treinta y uno	32 treinta y dos	33 treinta y tres	40 cuarenta	50 cincuenta

3 LECCIÓN 4 Aprendemos

¡La gramática es divertida!

1 🔊 **Lee y escucha el cómic.**

1. Yo tengo nueve años. — ¡Tú no tienes nueve años! Tienes siete años.
2. Mario, Rocky tiene una camiseta nueva!
3. Tengo hambre. Oh, ¡qué rica!
4. Tienes muchos regalos, Rocky. — ¡Tenemos muchos regalos! También son para ti y para Rita.

2 ¡Jugamos!

Yo	tengo	un monopatín.
Tú	tienes	una mochila nueva.
Él	tiene	sueño.
Mario	tenemos	sed.
Ella	tenéis	el pelo corto.
Nosotros	tienen	muchos primos.
Vosotras		los ojos verdes.
Ellos		cincuenta años.
		los ojos azules.
		dos abuelas.
		hambre.
		doce años.

28 veintiocho

LECCIÓN 5 Cantamos

1 Escucha y canta.

La familia de mamá

Mamá, mamá,
¿tú tienes...
tienes una hermana?

Sí mi niña, sí que tengo.
Ella es tu tía,
tu tía María.

Mamá, mamá,
¿tú tienes...
tienes un hermano?

Sí, mi niña, sí que tengo.
Él es tu tío,
tu tío Darío.

Mamá, mamá,
¿tú tienes...
tienes un papá?

Sí, mi niña, sí que tengo.
Él es tu abuelo,
tu abuelo Gonzalo.

2 Ahora canta de nuevo. Utiliza:

mamá / abuela / Manuela

primo / tío / Marino

prima / tía / Sofía

LECCIÓN 6 Charlamos

1 Juega con tu compañero.

REGLAS

- Haz grupos de palabras.
- Lanza la moneda.
  Cara: avanza dos casillas.
  Cruz: avanza una casilla.

Necesitas

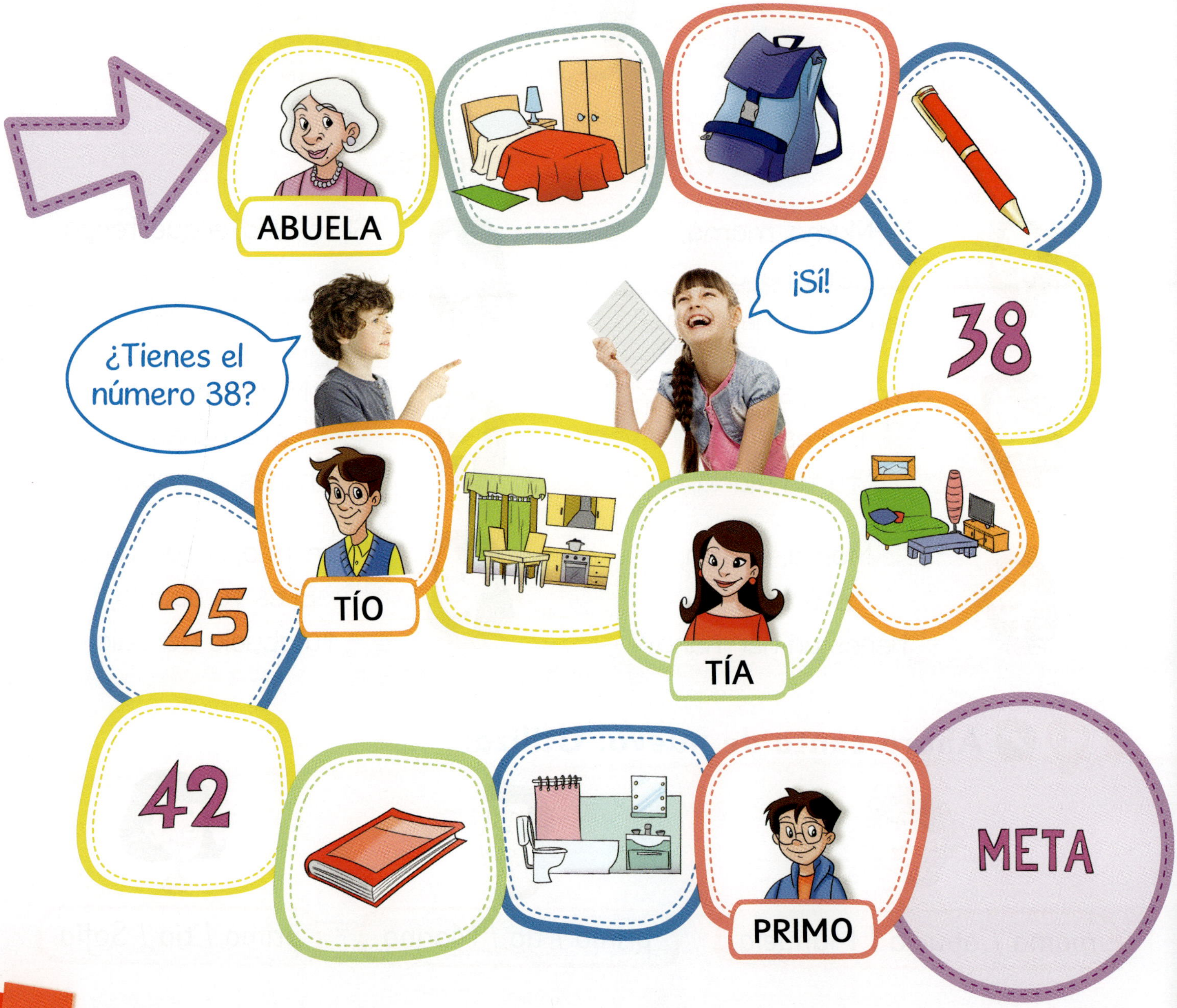

ABUELA

¿Tienes el número 38?

¡Sí!

38

25 TÍO

TÍA

42

PRIMO

META

30 treinta

LECCIÓN 7 Escribimos — PROYECTO 3

1 Observa.

2 Ahora dibuja y escribe.

mi abuelo — mi abuela
mi papá — mi mamá
mi hermano — mi hermana — yo

Esta es mi familia: mi abuelo Leo, mi abuela Isabel, mi papá Daniel, mi mamá Ángela, mi hermano Juan, mi hermana Elena y yo.

3
LECCIÓN 8 Todos participamos

1 🖊 **Escucha y relaciona.**

- música de Uganda
- música de Argentina
- música de Japón

2 🔊 🖊 **Lee y relaciona. Luego, escucha y comprueba.**

A

1 Los sábados, yo lavo el coche de mis papás. ¡Me gusta jugar con el agua! Después, el coche está muy limpio y yo estoy muy contento.

2 En casa, hago mi cama y barro mi dormitorio. También ayudo a mi mamá en la cocina. Cuando termino, puedo ver los dibujos animados en la tele.

B

C

3 Yo voy a buscar agua a la fuente. Voy con mis hermanas. El agua es para beber y lavar la ropa. ¡No tenemos lavadora!

32 treinta y dos

LECCIÓN 9 Repasamos

1 🔊 ✏️ Escucha y señala.

2 Habla.

Carmen
Hermano: Óscar
Hermanas: Ana, Sofía

Samuel
Hermanos: Mario, Jesús
Hermana: Susana

A — ¿Samuel tiene hermanos?
B — Sí, tiene dos hermanos.
A — ¿Cómo se llaman?
B — Mario y Jesús.

3 Lee y escribe.

¡Hola! Soy Marta. Tengo ocho años. Esta es mi familia: mi abuela Josefina y mi abuelo Félix, mi padre José y mi madre Patricia. Tengo dos hermanos: uno se llama David y el otro Carlos. David tiene siete años y Carlos tiene once meses.

¡BIEN!

Soy capaz de...
- hablar de mi familia
- contar hasta 50
- cantar la canción de la unidad
- describir a mi familia
- entender textos sobre tareas domésticas

treinta y tres 33

Cuento 1
¿Quién es Toño?

1 Observa y encuentra:
- una invitación
- un lápiz azul
- un sofá

2  **Lee y escucha el cuento.**

3 ¿Verdadero o falso?

1 Pablo está contento. **V F**
2 La madre y el padre están en la cocina. **V F**
3 Los abuelos están en la entrada. **V F**
4 Toño es un gato grande. **V F**

4 Señala y pregunta.

A ¿Dónde está Pablo?

B Dentro de la mochila.

5 Habla.

Este es mi tío. Se llama Guillermo.

tía / Paula   abuela / Sara

treinta y cinco

Unidad 4 — Nos vestimos

Vamos a...
- identificar y describir prendas de vestir
- describir un disfraz
- escuchar y leer textos sobre ropa y equipos de protección

LECCIÓN 1 Escuchamos

1 Escucha y repite.

1. el vestido
2. la camiseta
3. los vaqueros
4. los zapatos
5. las zapatillas de deporte
6. la chaqueta
7. el sombrero
8. la gorra
9. el jersey
10. la falda
11. las botas
12. los calcetines

36 treinta y seis

Nos disfrazamos

2 Lee y escucha el cómic.

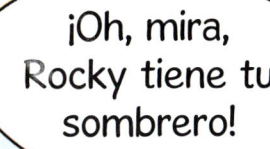

3 ¿Quién dice...?

1 Me gusta este vestido morado.
2 No encuentro mi sombrero.
3 Rocky tiene tu sombrero.

LECCIÓN 2 Leemos

1 ✏️ **Lee y relaciona.**

pirata

princesa

payaso

1 Tengo un vestido blanco y azul. Mis zapatos son blancos. Soy una...

2 Mis pantalones son verdes y mi camiseta es verde y roja. Llevo un pequeño sombrero verde y unos zapatos negros. Soy un...

3 Llevo una camiseta blanca y azul y unos vaqueros. Llevo un sombrero negro y unas botas negras. Soy un...

2 🔊 **Escucha y comprueba.**

3 ✏️ **Elige.**

1 El pirata lleva botas   rojas / negras .
2 La princesa lleva un vestido   rojo / azul   .
3 El payaso lleva pantalones   verdes / naranjas .

LECCIÓN 3 Sonidos

1 🔊 **Escucha y repite.**

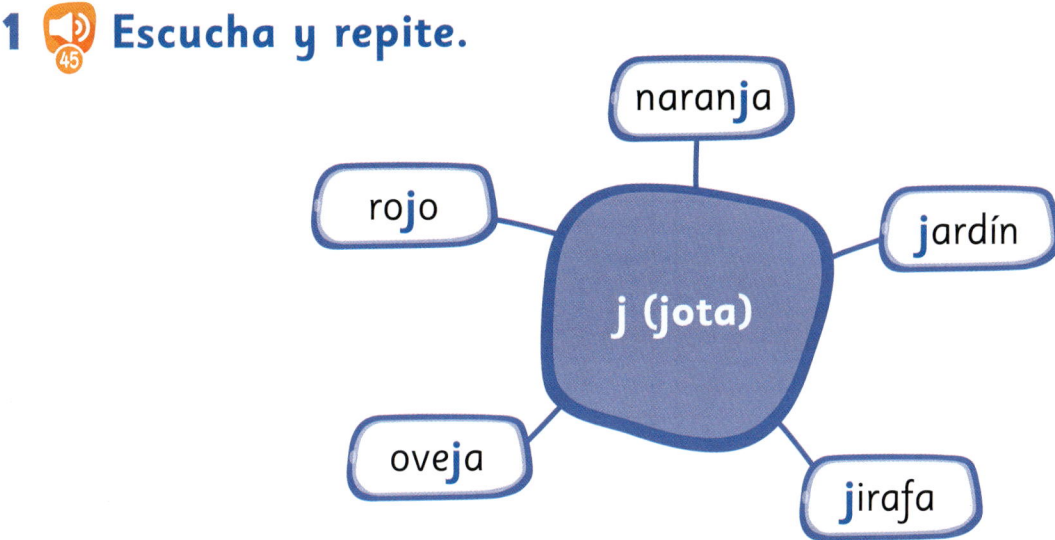

2 🔊 ✏️ **Escucha y señala las palabras que se escriben con la letra J.**

3 🔊 **Escucha y recita la rima.**

La jirafa Julia
y la oveja Jacinta
bailan la jota juntas
en el jardín de José.

Julia lleva falda roja,
Jacinta jersey naranja.
¡Juntas bailan la jota
en el jardín de José!

treinta y nueve

LECCIÓN 4 Aprendemos

1 🔊 **Lee y escucha el cómic.**

¡La gramática es divertida!

1. Yo **llevo** un sombrero naranja.
2. **Llevo** unas botas rojas. ¡Soy un pirata!
3. ¡Rocky! ¿Por qué **llevas** el sombrero de Mario? ¿Y por qué **llevas** mis botas nuevas?
4. ¿Qué pasa, Rocky? — Rita y yo **llevamos** esta ropa al armario.

2 ¡Jugamos!

Yo			gafas.
Tú			unas zapatillas de deporte.
Él		**llevo**	pantalones cortos.
Este chico		**llevas**	unos calcetines rosas.
Ella	no	**lleva**	unas botas negras.
Nosotros		**llevamos**	un sombrero marrón.
Vosotras		**lleváis**	los libros al dormitorio.
Ellos		**llevan**	mis cómics al colegio.
Las chicas			el perro al parque.
			un regalo a mi amigo Pablo.

LECCIÓN 5 Cantamos

1 🔊 🎵 **Escucha y canta.**

¿Quién es?

Lleva una camiseta,
pero no es roja.
Lleva unos vaqueros,
pero no son azules.

¿Quién es? ¿Quién es?
¡Mira bien y encuéntralo!

Lleva una chaqueta,
pero no es verde.
Lleva zapatillas de deporte,
pero no son azules.

¿Quién es? ¿Quién es?
¡Mira bien y encuéntralo!

2 🔊 🎤 **Ahora canta de nuevo. Cambia los colores.**

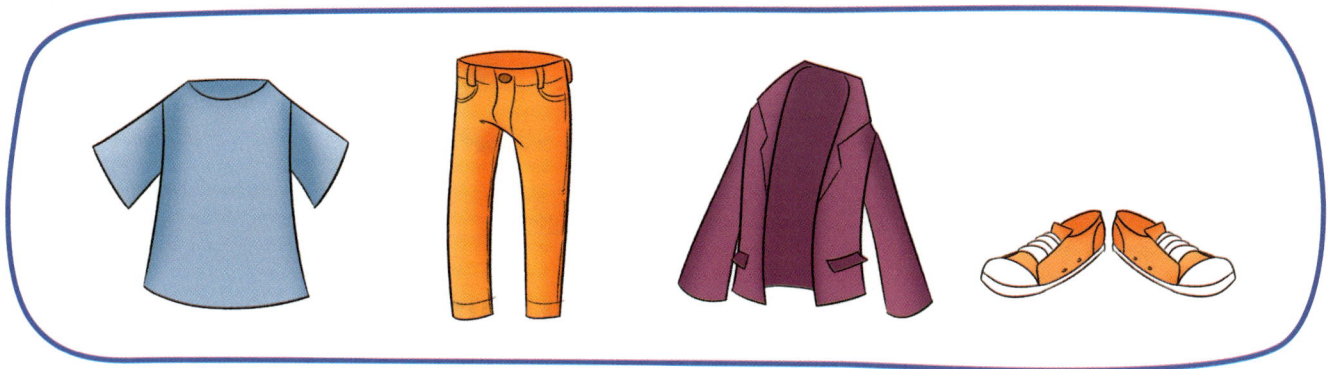

4

LECCIÓN 6 Charlamos

1 Elige cuatro prendas. Luego, haz preguntas a tu compañero.

A ¿Llevas una chaqueta?   **B** No.

A ¿Llevas gafas?   **B** Sí.

2 Ahora describe la ropa que lleva tu compañero.

Mi compañero lleva...

LECCIÓN 7 Escribimos

PROYECTO 4

1 Observa.

2 Ahora dibuja...

3 ... y escribe.

Llevo una camiseta blanca, pantalones naranjas, botas negras y un sombrero rojo. Soy un pirata.

cuarenta y tres 43

4

LECCIÓN 8 Seguridad

1 🔊 ✏️ **Lee y relaciona. Luego, escucha y comprueba.**

A

1 En verano me protejo del sol. Siempre llevo gafas de sol y un sombrero. Bebo mucha agua. Y por supuesto, me pongo crema solar.

2 En el coche, papá y mamá se abrochan el cinturón de seguridad. Yo también me abrocho el cinturón de seguridad, porque lo primero es la seguridad.

B

C

3 Siempre llevo casco cuando monto en bici. En el monopatín, llevo casco, coderas y rodilleras. A veces, llevo guantes y botas porque hago acrobacias.

LECCIÓN 9 Repasamos

1 🔊 ✏️ **Escucha y señala.**

2 Habla.

A ¿Tienes una camiseta roja?   **B** Sí.

3 Lee y escribe.

Llevo una , una , unos  nuevos y unas .

Soy capaz de...
- hablar de mi ropa y decir de qué color es
- cantar la canción de la unidad
- describir el disfraz que llevo puesto
- entender textos sobre ropa y equipos de protección

cuarenta y cinco 45

Unidad 5

¡A comer!

Vamos a...
- identificar alimentos
- hablar sobre lo que comemos en un picnic
- describir nuestro desayuno favorito
- escuchar y leer textos sobre desayunos típicos

LECCIÓN 1 Escuchamos

1 Escucha y repite.

1. el zumo de naranja
2. la manzana
3. el helado
4. el pan
5. el bocadillo
6. la mermelada
7. el pollo
8. los plátanos
9. el agua
10. las galletas
11. el queso
12. los tomates

Un rico bocadillo

2 🔊 ▶ Lee y escucha el cómic.

3 ✏️ ¿Quién dice...?

1 ¡Tengo hambre!
2 ¡Qué rico!
3 ¡No puedes bailar en la mesa!

5

LECCIÓN 2 Leemos

1 Lee y completa.

— ¡Mira, Mario, un 🥖 !

— ¡Qué bueno!

— No me gustan los 🥖 .

— Leche, 🧀 , 🍪 y 🍊 .

— Tengo hambre. ¿Comemos?

— No me gustan las 🍪 … pero me gustan las 🍊 y los 🍌 .

2 Escucha y comprueba.

48 cuarenta y ocho

LECCIÓN 3 Sonidos

1 🔊 **Escucha y repite.**

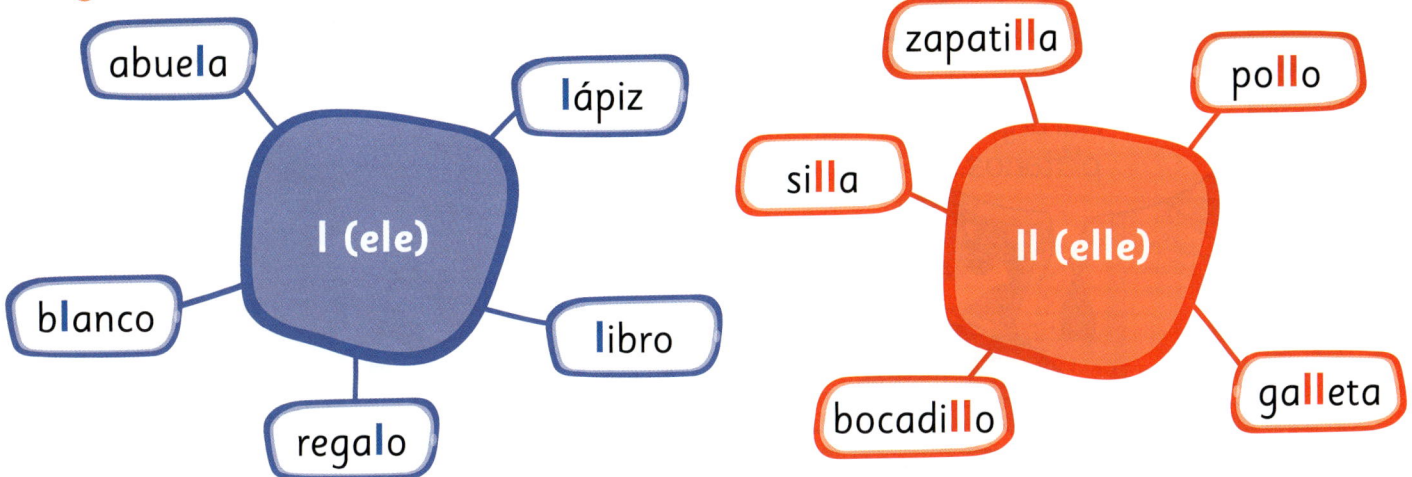

l (ele): abuela, lápiz, libro, regalo, blanco

ll (elle): zapatilla, pollo, silla, bocadillo, galleta

2 🔊 ✏️ **Escucha y señala las palabras que contienen el sonido "elle".**

3 🔊 **Escucha y recita la rima.**

Cinco pollitos tiene mi tía.
Uno le salta, el otro le pía,
y el otro le canta la sinfonía.
Este toca el tambor, ¡pom pom!
Este la guitarra, ¡rom rom!
Este los platillos, ¡chin chin!
Y este el cascabel, ¡tilín tilín!

cuarenta y nueve

LECCIÓN 4 Aprendemos

1 🔊 **Lee y escucha el cómic.**

¿Qué como? Hmmm... como naranjas... como plátanos...

Como pollo... y helado... bebo zumo...

¡Toma, Rocky!

¡Oh, Mario! ¡Los mapaches no comemos salsa picante!

¡La gramática es divertida!

2 ¡Jugamos!

Yo			pizza.
Tú			pescado.
Él		como	mermelada.
Este chico	no	bebes	bocadillos.
Ella		come	galletas.
Nosotros		bebemos	plátanos.
Vosotras		coméis	leche.
Ellos		beben	zumo.
Las chicas			agua.

50 cincuenta

LECCIÓN 5 Cantamos

1 Escucha y canta.

¡Me gusta!

Me gusta la pizza,
¡me gusta la pizza!
Pero no me gustan
los bocadillos.

Me gusta el pescado,
¡me gusta el pescado!
Pero no me gusta el pollo.

Me gusta el zumo,
¡me gusta el zumo!
Pero no me gusta la leche.

Me gusta el helado,
¡me gusta el helado!
Pero no me gusta
la mermelada.

2 Ahora canta de nuevo. Utiliza:

galletas   plátanos   queso   tomates

LECCIÓN 6 Charlamos

1 Juega con tu compañero.

REGLAS

- Haz grupos de palabras.
- Lanza la moneda.
  Cara: avanza dos casillas.
  Cruz: avanza una casilla.

Necesitas

¿Te gusta la pizza?

¡Sí!

META

52 cincuenta y dos

LECCIÓN 7 Escribimos — PROYECTO 5

1 Observa.

2 Ahora dibuja y escribe.

¡Mi desayuno favorito!
Como fruta, yogur y pan con mermelada.
Bebo un vaso de leche con cacao. ¡Qué rico!

cincuenta y tres 53

LECCIÓN 8 — Desayunos típicos

1 🔊 **Escucha y relaciona.**

- música de Hawaii
- música del Reino Unido
- música de España

2 🔊 ✏️ **Lee y relaciona. Luego, escucha y comprueba.**

El desayuno es muy importante. Debemos desayunar **tod**os los días.

A

1 Mi desayuno es muy saludable. Como pan con **a**ceite y tomate. Bebo un vaso de zumo de naranja o una taza de leche con cacao.

2 En casa tomamos fruta, mucha fruta. Todos los días comemos fresas, plátanos, mango, piña o papaya con yogur. Bebo leche con cacao.

B

C

3 Para desayunar, tomo huevos con salchichas, alubias, beicon y pan. Siempre bebo un vaso de zumo de naranja.

LECCIÓN 9 Repasamos

1 🔊 ✏️ Escucha y señala.

2 Habla. Busca las 2 diferencias.

A ¿Tienes galletas? **B** Sí.

A ¿Tienes un plátano? **B** Sí.

3 Lee y escribe.

Esta es mi comida favorita:  o

con , y después  con  .

Soy capaz de...
- hablar de los alimentos que me gustan
- cantar la canción de la unidad
- describir mi desayuno favorito
- entender textos sobre desayunos típicos

cincuenta y cinco

Unidad 6 — Me encantan los animales

Vamos a...
- identificar algunos animales
- hablar de sus capacidades
- describir lo que somos capaces de hacer
- describir una mascota
- escuchar y leer textos sobre mascotas

LECCIÓN 1 Escuchamos

1 Escucha y repite.

1. el loro / hablar
2. el mapache / trepar
3. el mono / saltar
4. el elefante / correr
5. el delfín / nadar

¡Hola!

En el safari

2 🔊 ▶ **Lee y escucha el cómic.**

1. ¡Rocky! ¡Mira los animales!
2. ¡Mira los loros! — ¡Hola! ¡Hola! ¡Hola!
3. Los loros pueden hablar.
4. ¡Mira! ¡Los monos pueden trepar y saltar!
5. Los delfines pueden saltar y nadar.
6. Yo soy un mapache, ¡y los mapaches podemos hablar español!

3 ✏ **¿Quién dice...?**

1 ¡Mira los animales!
2 ¡Hola! ¡Hola! ¡Hola!
3 Los mapaches podemos hablar español.

cincuenta y siete 57

6

LECCIÓN 2 Leemos

1 ✏️ **Lee y relaciona.**

pez

pájaro

jirafa

1
Puedo volar, saltar y cantar.
No tengo pelo pero tengo plumas.
Soy pequeño.
Soy un...

2
Puedo correr pero no puedo nadar.
Tengo unas orejas pequeñas y un cuello muy largo.
Soy muy alta.
Soy una...

3
Puedo nadar pero no puedo volar.
Mis ojos son grandes y mi boca es pequeña.
No tengo nariz.
Soy un...

2 🔊 **Escucha y comprueba.**

3 ✏️ **Elige.**

1 Las jirafas no pueden   nadar / correr .
2 Los peces no pueden   volar / nadar .
3 Los pájaros no tienen   plumas / pelo .

58 cincuenta y ocho

LECCIÓN 3 Sonidos

1 🔊 Escucha y repite.

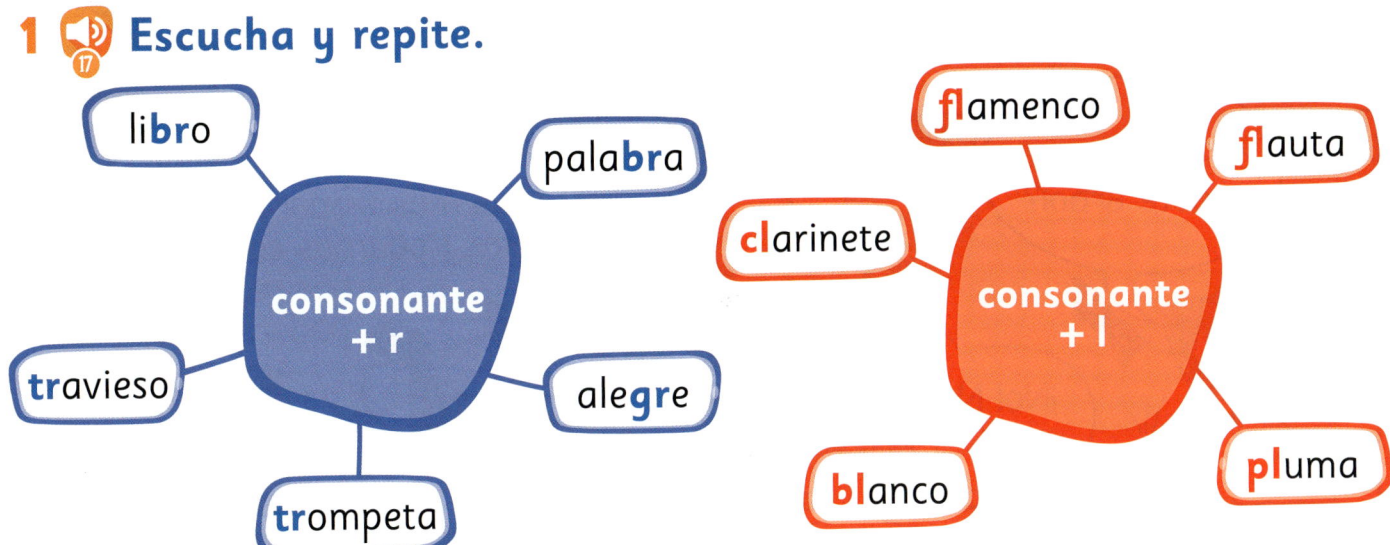

2 🔊 Pronuncia las palabras. ¿Qué letra falta? Luego, escucha y comprueba.

1. f*uta
2. t*epar
3. p*uma
4. neg*o
5. f*or
6. reg*a
7. t*einta
8. p*átano
9. ent*ada
10. ing*és

3 🔊 Escucha y recita la rima.

Flavia Flor es maestra
y da clases de flauta,
de trompeta, de clarinete
a un trío de flamencos
alegres y traviesos,
de Triana los tres.

LECCIÓN 4 Aprendemos

1 🔊 **Lee y escucha el cómic.**

2 ¡Jugamos!

Yo			correr.
Tú			saltar.
Él		puedo	volar.
Ella	(no)	puedes	nadar.
Nosotros		puede	trepar muy alto.
Vosotras		podemos	cantar.
Ellos		podéis	lavar el coche.
Ellas		pueden	ver la televisión.
			ir al parque.
			hablar español.

LECCIÓN 5 Cantamos

1 🔊 🎵 **Escucha y canta.**

¡Abracadabra!

¡Abracadabra!
Uno, dos, tres,
yo puedo,
yo puedo...

¡Yo puedo volar
como un pájaro!
Puedo volar
en el cielo azul.

¡Abracadabra!
Uno, dos, tres,
yo puedo,
yo puedo...

¡Puedo nadar
como un pez!
Puedo nadar
en el mar dorado.

¡Abracadabra!
Uno, dos, tres,
yo puedo,
yo puedo...

¡Yo puedo saltar
como un conejo!
Puedo saltar
en la verde hierba.

2 🔊 🎤 **Ahora canta de nuevo. Utiliza:**

correr   trepar   nadar

sesenta y uno 61

LECCIÓN 6 Charlamos

1 Juega con tu compañero.

LECCIÓN 7 Escribimos   PROYECTO 6

1 Observa.

2 Ahora dibuja y escribe.

¡Hola! Yo me llamo Laura. Dibujo bastante bien y hablo un poco de español.
Mi mascota es un conejo. Se llama Rabito. Rabito puede correr y saltar. ¡Le encantan las zanahorias!

sesenta y tres 63

LECCIÓN 8 Mascotas

1 Lee y relaciona. Luego, escucha y comprueba.

Nuestras mascotas necesitan cariño… ¡mucho cariño! No son juguetes: pueden sentir hambre, sed, dolor, miedo. Nosotros debemos cuidar su salud y protegerlas siempre.

A

1 Nuestras mascotas deben comer alimentos sanos. Su agua debe estar limpia y fresca. A mi conejo le gusta mucho la lechuga.

2 Mi gato es muy cariñoso. Debo cuidar de su salud y protegerlo siempre.

B

C

3 Saco mi perro a pasear todos los días. En el parque no hay coches. Allí puede correr y saltar. Le encanta jugar con su pelota.

LECCIÓN 9 Repasamos

1 🔊 ✏️ Escucha y señala.

2 Habla.

A ¿Los elefantes pueden volar?   **B** No, no pueden.

3 Lee y escribe.

Mi mascota es un . Puede , y .

Es , y .

Soy capaz de...
- hablar de los animales
- describir sus capacidades
- cantar la canción de la unidad
- describir mi mascota
- entender textos sobre mascotas

Cuento 2 — La piedra mágica

1 Observa y encuentra.
- una chaqueta
- unos zapatos
- un pollo

2  **Lee y escucha el cuento.**

1. ¡Tengo hambre! ¡Tengo frío!

3. Piedra mágica, piedra mágica, ¿puedes darme… puedes darme una chaqueta?

4.

6.

7. Piedra mágica, piedra mágica, ¿puedes darme… pan y pollo para mí y para mis amigos?

3 ¿Verdadero o falso?

1 El chico tiene hambre.
2 El chico quiere una camisa.
3 El chico quiere pan y pollo.
4 Sus amigos son felices.

4 Busca las diferencias.

En el cuento, la chaqueta es roja. Aquí es negra.

5 Habla.

Piedra mágica, piedra mágica, ¿puedes darme un vestido rojo, por favor?

¡Un día guay!

2 Lee y escucha el cómic.

1. ¡Despierta, Mario! ¡Levántate, dormilón, son las nueve!
2. ¡Oh! Buenos días, Rocky. ¡Date prisa, Mario! ¡Vamos!
3. Pero, ¿qué haces? Estoy jugando al fútbol.
4. ¡Vamos, Mario! Tu mamá está haciendo el desayuno.
5. ¡Espera, Rocky! Mi bolsa, mi bicicleta, mi balón...
6. ¡Qué bien! Hoy es sábado. ¡Un día guay!

3 ¿Verdadero o falso?

1 Mario está durmiendo en su dormitorio. V F
2 Mario está haciendo el desayuno. V F
3 Está lloviendo. V F

sesenta y nueve 69

LECCIÓN 2 Leemos

1 Lee y completa.

> jugando   escribiendo   montando   cocinando   leyendo

Esta es mi casa y mi familia. ¡Mira! Son las once en punto. Mi abuela está *** en la cocina y mi abuelo está *** en el dormitorio. Mi madre está *** en el salón. Mi hermano está *** al fútbol en el jardín, y mi hermana está *** en bicicleta.

2 Escucha y comprueba.

LECCIÓN 3 Sonidos

1 🔊 **Escucha y repite.**

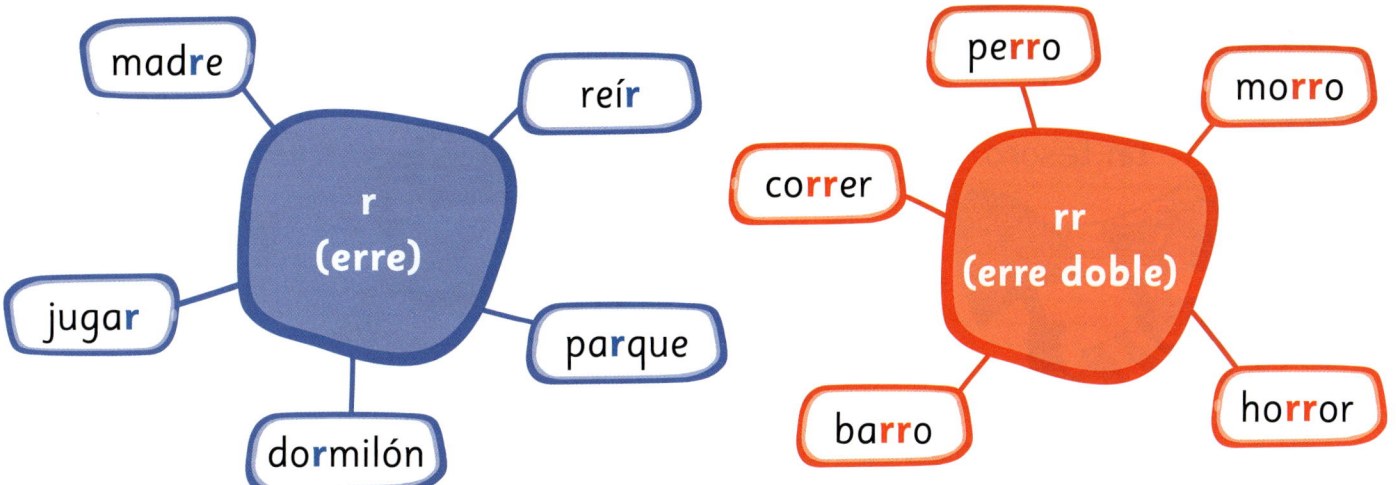

2 🔊 ✏️ **Escucha y señala si las palabras se escriben con R o con RR.**

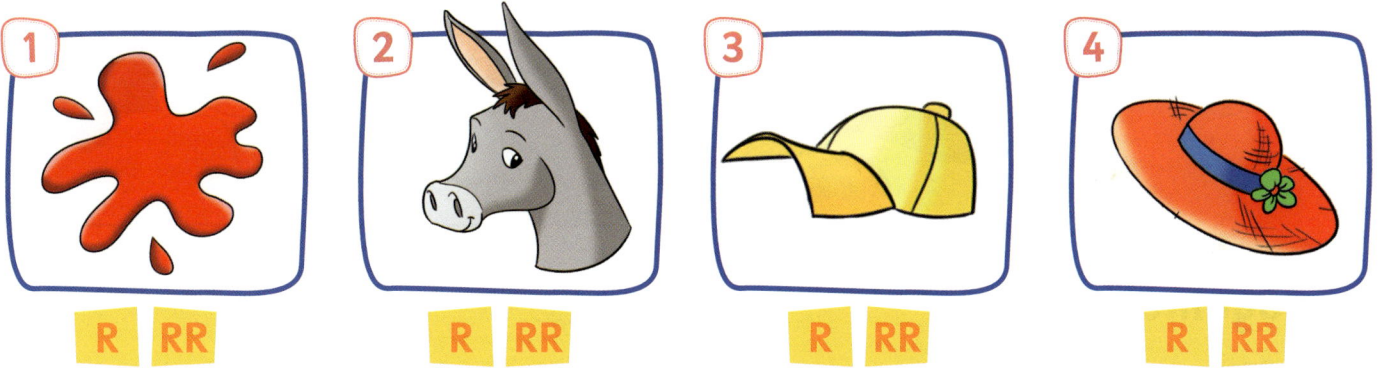

3 🔊 **Escucha y recita la rima.**

¡Qué rico es mi perrito Curro!
Su rabo se enrolla
como la concha del caracol.
Tiene la nariz negra,
la lengua roja
como una cereza,
y una sonrisa
¡de oreja a oreja!

7

LECCIÓN 4 Aprendemos

¡La gramática es divertida!

1 Lee y escucha el cómic.

1. Soy un pirata. Estoy buscando un tesoro.
2. Mi amigo y yo estamos mirando el mapa.
3. Estoy abriendo el cofre... Aquí está el tesoro... ¡Es un rico desayuno!
4. Rocky, ¡despierta! ¡Estás soñando!

2 ¡Jugamos!

Yo			el desayuno.
Tú			un tesoro.
Él		estoy haciendo	un cofre.
Ella		estás buscando	al fútbol.
Nosotros		está abriendo	con el perro.
Nosotras	(no)	estamos jugando	en el parque.
Vosotros		estáis comiendo	un cómic.
Vosotras		están leyendo	con un balón.
Ellos			en el salón.
Ellas			un bocadillo.

setenta y dos

LECCIÓN 5 Cantamos

1 🔊 🎵 **Escucha y canta.**

¡Está lloviendo!

Estoy cantando bajo la lluvia.
Estoy bailando bajo la lluvia.
Cantando y bailando
bajo la lluvia.

Está lloviendo pero no me importa.
Está lloviendo, ¡pero me encanta!

Estoy corriendo bajo la lluvia.
Estoy saltando bajo la lluvia.
Corriendo y saltando
bajo la lluvia.

Está lloviendo pero no me importa.
Está lloviendo, ¡pero me encanta!

2 🔊 🎤 **Ahora canta de nuevo. Utiliza:**

jugando

riendo

setenta y tres

LECCIÓN 6 Charlamos

1 Busca las ocho diferencias.

A La chica 5 está bailando.   **B** La chica 5 está saltando.

74 setenta y cuatro

LECCIÓN 7 Escribimos — PROYECTO 7

1 Observa.

2 Ahora dibuja y escribe.

Hoy es sábado.
Son las diez de
la mañana y estoy
cocinando con mi mamá.
Son las tres de la
tarde y estoy jugando
en el parque.
A las nueve de la
noche, estoy en mi
cabaña.
¡Me gusta el sábado!

LECCIÓN 8 Muevo mi cuerpo

1 🔊 ✏️ **Lee y relaciona. Luego, escucha y comprueba.**

A

1 Los huesos son la parte dura del cuerpo. No se pueden doblar, se rompen. Cuando se rompe un hueso, ¡duele mucho!

2 Nos movemos gracias a las articulaciones. Las más importantes son el cuello, la columna vertebral, el hombro, el codo, la cadera y la rodilla. También son importantes la muñeca y el tobillo.

B

C

3 Gracias a nuestros músculos, huesos y articulaciones, podemos correr, saltar y bailar. Podemos montar en bici y jugar al fútbol. ¡Qué guay!

LECCIÓN 9 Repasamos

1 🔊 ✏️ Escucha y señala.

2 Habla.

¿Estás jugando al fútbol?

Sí.

3 Lee y escribe.

Hoy es sábado. Son las nueve de la mañana y estoy con mis amigos. Son las cuatro de la tarde y estoy  en el parque.

Son las seis y un libro nuevo. ¡Un día divertido!

Soy capaz de...
- hablar de lo que estoy haciendo
- decir la hora en punto
- cantar la canción de la unidad
- entender textos sobre articulaciones

setenta y siete 77

Unidad 8: Nuestra fiesta

Vamos a...
- identificar los elementos de una fiesta
- hablar de lo que nos gusta
- describir nuestras comidas y actividades favoritas
- escuchar y leer textos sobre los cinco sentidos

LECCIÓN 1 Escuchamos

1. Escucha y repite.

¡FELIZ CUMPLEAÑOS!

1. la fiesta
2. los globos
3. el vaso
4. la tarta
5. las patatas fritas
6. los bombones

Una sorpresa

2  **Lee y escucha el cómic.**

3 ¿Verdadero o falso?

1 Rocky está en la cabaña.
2 Mario está montando en monopatín.
3 Rita lleva un disfraz.

8

LECCIÓN 2 Leemos

1 ✏️ **Lee, señala y completa.**

2 🔊 **Escucha y comprueba.**

LECCIÓN 3 Sonidos

1 🔊 **Escucha y repite.**

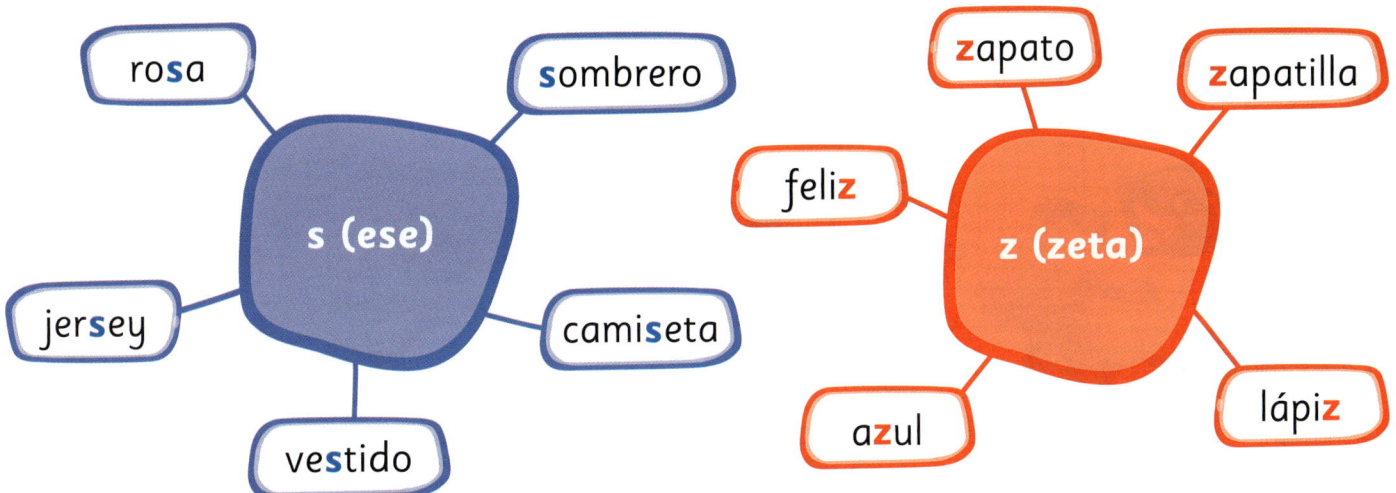

- rosa
- sombrero
- jersey
- camiseta
- vestido

s (ese)

- zapato
- zapatilla
- feliz
- azul
- lápiz

z (zeta)

2 🔊 ✏️ **Escucha y señala si las palabras se escriben con S o con Z.**

1. S Z
2. S Z
3. S Z
4. S Z

3 🔊 **Escucha y recita la rima.**

La moza Susana
es de Mozambique.
Su mascota es un pez
y su desayuno zumo
de rica manzana.
Lleva zapatos azules,
un sombrero rosa,
en los brazos una bolsa
de sabrosas cerezas.

ochenta y uno 81

LECCIÓN 4 Aprendemos

1 🔊 **Lee y escucha el cómic.**

2 ¡Jugamos!

A mí				la tarta.
A ti				el chocolate.
A él		me	gusta	bailar.
A ella	(no)	te		los globos.
A nosotros		le	gustan	los mapaches.
A vosotras		nos	encanta	las fiestas.
A ellos		os	encantan	el español.
A ellas		les		correr.

LECCIÓN 5 Cantamos

1 🔊 🎵 **Escucha y canta.**

La sirenita

Soy una sirenita,
me gusta cantar
y me encanta el mar.

Me gusta el chocolate,
me encanta el helado,
pero no me gusta,
no me gusta nada...
la tarta.

Me gusta nadar
y me encanta saltar,
pero no me gusta,
no me gusta nada...
caminar.

2 🔊 🎤 **Ahora canta de nuevo. Utiliza:**

los plátanos

las manzanas

la piña

LECCIÓN 6 Charlamos

1 Juega con tu compañero.

- **A** ¿Es grande?   **B** Sí.
- **A** ¿Es gris?   **B** Sí.
- **A** ¿Puede volar?   **B** No.
- **A** ¿Es el elefante?   **B** Sí.
- **A** ¿Te gustan los elefantes?   **B** Sí, me gustan.

LECCIÓN 7 Escribimos — PROYECTO 8

1 Observa.

2 Ahora dibuja y escribe.

Me gusta el helado y me encantan las galletas.
Me gusta leer y escribir.
Me encantan los conejos y los mapaches.

LECCIÓN 8 Mis cinco sentidos

1 🔊 ✏️ **Lee y relaciona. Luego, escucha y comprueba.**

A

1 Vemos con los ojos. Gracias a nuestros ojos podemos leer libros y ver la tele.

2 Oímos con los oídos. ¿Qué oímos? Pues música, ruidos, voces. A veces eso nos gusta, ¡pero otras veces no nos gusta nada!

B

C

3 Con la nariz reconocemos los olores y con la lengua reconocemos los sabores de los alimentos.

4 Si cerramos los ojos, podemos reconocer las personas y los objetos con las manos. Estos niños están jugando a la gallinita ciega. ¡Qué divertido!

D

86 ochenta y seis

LECCIÓN 9 Repasamos

1 🔊 ✏️ Escucha y señala.

2 Habla.

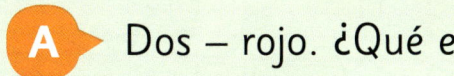

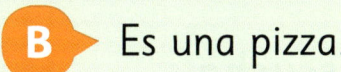

3 Lee y escribe.

Hola, soy Álex. Me gusta . También me gusta

pero no me gusta . Y a ti, ¿qué te gusta hacer?

Soy capaz de…
- hablar de lo que me gusta
- cantar la canción de la unidad
- describir mis comidas y actividades favoritas
- entender textos sobre los cinco sentidos

ochenta y siete

Cuento 3: Dos amigos

1 Observa y encuentra:

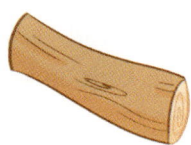  

2  Lee y escucha el cuento.

Señor León, ¡socorro! No puedo nadar.

Gracias, señor León.

¡Yo puedo ayudarle, señor León!

Gracias, ratoncito. Eres muy valiente.

¡Socorro! No puedo correr.

3 ✏️ **Elige la palabra correcta.**

1 El ratón es grande / pequeño .
2 El ratón puede / no puede nadar.
3 El león es grande / pequeño .
4 Hace calor / frío .

4 Nombra los animales.

5 Habla.

A Los loros no pueden leer.

B ¡Pero este loro está leyendo!

ochenta y nueve 89

Feliz Navidad

1 🔊 🎵 **Escucha y canta.**

La Marimorena

Ande, ande, ande
la Marimorena.
Ande, ande, ande
que es la Nochebuena.

En el portal de Belén
hay estrellas, sol y luna,
la Virgen y San José
y el Niño que está en la cuna.

En el portal de Belén
hacen lumbre los pastores
para calentar al Niño
que ha nacido entre las flores.

- una campana
- una estrella
- un árbol de Navidad
- un ángel
- un belén

La Navidad alrededor del mundo

2 **Escucha y relaciona.**

Estamos en España.   Estamos en Brasil.   Estamos en Perú.

3 **Lee y relaciona. Luego, escucha y comprueba.**

A

1 En Navidad mis amigos y yo cantamos villancicos. Celebramos la Navidad cantando para la gente.

B

2 ¡Hola! Mi familia y yo celebramos la Navidad en la playa. Hace calor, es verano.

C

3 En Navidad me gusta ir de compras. Me encantan los mercados de Navidad, están llenos de luces y adornos navideños.

noventa y uno 91

¡Feliz Pascua!

1 🔊 🎵 Escucha y canta.

Mucha alegría
en este día.
¡Feliz Pascua!

Mira en la cesta,
hay muchos huevos,
de muchos colores
y de muchos sabores.

Busca, busca
y encuentra más.
Encima o debajo,
delante o detrás
de algún lugar están.

Busca, busca
y los encontrarás.
¡Feliz Pascua!

2 Busca los huevos.

A ¿Donde está el huevo rosa?

B Debajo de la mesa.

CARNAVAL

1 **Escucha y canta.**

En Carnaval
soy un pirata,
un pirata soy.
¡Jo! ¡Jo! ¡Jo!

¡Ven a cantar!
¡Ven a bailar!
Es tiempo ya
de Carnaval.

En Carnaval
soy una princesa,
una princesa soy.
¡Ji! ¡Ji! ¡Ji!

¡Ven a cantar!
¡Ven a bailar!
Es tiempo ya
de Carnaval.

En Carnaval
soy un payaso,
un payaso soy.
¡Ja! ¡Ja! ¡Ja!

¡Ven a cantar!
¡Ven a bailar!
Es tiempo ya
de Carnaval.

El carnaval alrededor del mundo

2 🔊 ✏️ **Escucha y relaciona.**

- carnaval en Brasil
- carnaval en Italia
- carnaval en España

3 🔊 ✏️ **Lee y relaciona. Luego, escucha y comprueba.**

A

1 Celebramos el carnaval en febrero. Hace calor. Llevamos vestidos de muchos colores y bailamos por las calles.

B

2 En carnaval hace frío. Llevamos ropa divertida y participamos en desfiles. ¡Es guay!

C

3 Celebramos el carnaval en febrero. Hace frío. Llevamos trajes multicolores, máscaras y sombreros divertidos.

noventa y cinco 95

Tabla de contenidos

	Vocabulario	Estructuras	Pronunciación
Unidad 0 **¡Hola amigos!** p. 2	Los nombres de los personajes Los colores Los números del 1 al 12	Los saludos y las presentaciones	La entonación
Unidad 1 **El colegio es divertido** p. 4	El material escolar El colegio Algunos países	El verbo *ser* Los usos del verbo *ser*	Las palabras con tilde
Unidad 2 **En casa** p. 14	Los muebles y las estancias de la casa Los números hasta 20 Las preposiciones de lugar	Los pronombres personales El verbo *estar* Los usos del verbo *estar* Usos contrastados de los verbos *estar* y *ser* Las preposiciones de lugar	Los sonidos *ce* fuerte y *ce* suave
Unidad 3 **La familia y los amigos** p. 24	Los miembros de la familia Las tareas domésticas Algunos países	El verbo *tener* Los usos del verbo *tener* Expresión de la edad Algunos posesivos	Los sonidos *ge* fuerte y *ge* suave
Cuento 1 p. 34	*¿Quién es Tom?*		
Unidad 4 **Nos vestimos** p. 36	Las prendas de vestir Los disfraces La ropa y los equipos de protección	Verbos regulares de la primera conjugación Los usos del verbo *llevar* Usos contrastados de los verbos *ser*, *estar* y *tener*	La *j* (jota)
Unidad 5 **¡A comer!** p. 46	Los alimentos Algunos instrumentos musicales	Los verbos regulares de la segunda conjugación	Los sonidos *l* (ele) y *ll* (elle)
Unidad 6 **Me encantan los animales** p. 56	Los animales Las partes de la cara Más instrumentos musicales Las acciones	El verbo *poder* Los usos del verbo *poder*	Los sonidos consonante + *r* y consonante + *l*
Cuento 2 p. 66	*La piedra mágica*		
Unidad 7 **Nos divertimos** p. 68	Las actividades cotidianas Algunas articulaciones	La formación del gerundio El presente progresivo	Los sonidos *ere* suave y *erre* fuerte
Unidad 8 **Nuestra fiesta** p. 78	Los elementos de una fiesta	El verbo *gustar* Los pronombres personales átonos	Los sonidos *s* (ese) y *z* (zeta)
Cuento 3 p. 88	*Dos amigos*		
Los festivales p. 90	*Feliz Navidad – Feliz Pascua – Carnaval*		

🔊 audio CD 1 y 2   ▶ vídeo   ✏ digital   🎵 canción   🎤 versión melódica